AF369538

TABLEAUX

AIMÉ PERRET

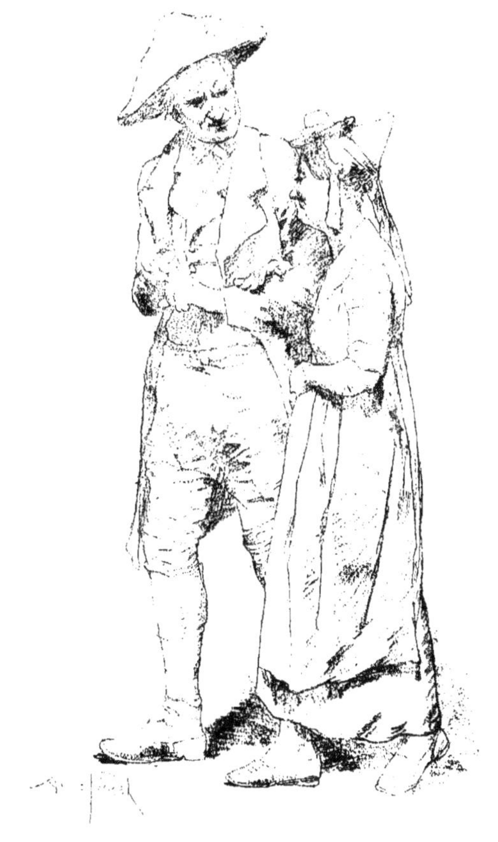

VENTE DU 18 FÉVRIER 1886

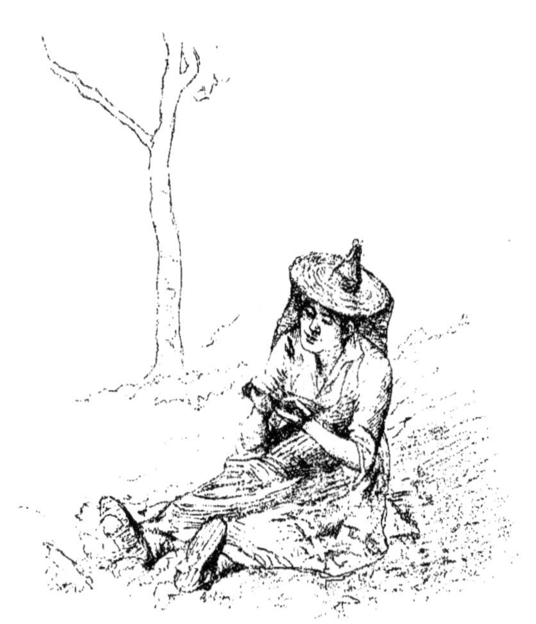

TABLEAUX

PAR

AIMÉ PERRET

PARIS. — IMPRIMERIE DE L'ART

E. MÉNARD ET J. AUGRY, 41, RUE DE LA VICTOIRE

1886 février 18

CATALOGUE

DES

TABLEAUX

ET AQUARELLES

PAR

AIMÉ PERRET

DONT LA VENTE AURA LIEU

HOTEL DROUOT, SALLE N° 8

Le Jeudi 18 Février 1886

À 3 HEURES

M° Paul CHEVALLIER   **M. Georges PETIT**

COMMISSAIRE-PRISEUR   EXPERT

10, rue Grange-Batelière, 10   12, rue Godot-de-Mauroi, 12

Chez lesquels on délivrera le catalogue.

EXPOSITION PARTICULIÈRE

GALERIE GEORGES PETIT

12, rue Godot-de-Mauroi, 12

Le Mardi 16 Février 1886, de 10 heures à 5 heures.

EXPOSITION PUBLIQUE

HOTEL DROUOT, SALLE N° 8

Le Mercredi 17 Février 1886, de 1 heure à 5 heures 1/2.

CONDITIONS DE LA VENTE

La vente sera faite au comptant.

Les acquéreurs paieront *cinq pour cent* en sus des enchères, applicables aux frais.

AIMÉ PERRET

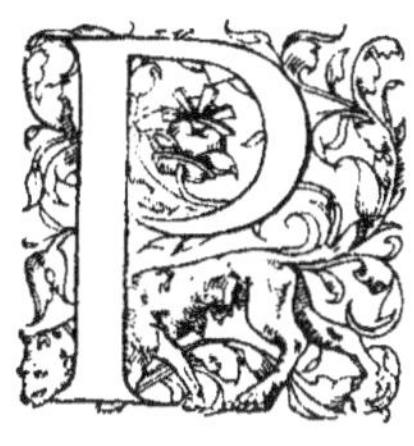

ᴇᴜ de toiles arrêtèrent aussi vivement mon attention que le premier tableau d'Aimé Perret que je vis à l'Exposition de 1872, je crois. Elle représentait un dessous de bois avec des roches humides aux mousses luisantes. Le nom de Courbet vint tout de suite sous ma plume ; non pas qu'il y eût là, le moins du monde, imitation du maître d'Ornans ; mais j'y retrouvais le même sentiment, plein de force et de saveur, des choses de la nature, dans une tonalité également fraîche et vigoureuse. Ce n'était pas seulement la promesse d'un talent viril ; c'était une œuvre très remarquable déjà dont je retrouve l'impression dans deux des morceaux de peinture cités par ce catalogue : *La Vallée du Bugey* et *l'Été en forêt.*

Depuis cette époque déjà lointaine, je suivis la carrière de l'artiste avec autant d'intérêt que de sympathie et d'admiration. Je vis, pour ainsi dire, se développer sa personnalité, sa manière se dégager des procédés, son talent arriver à une maturité dont le fruit est aujourd'hui présenté au public. J'applaudis au succès de plusieurs de ses Salons, quand parurent : la *Noce bourguignonne*, le *Baptême*, le *Viatique*, que je suis toujours heureux de revoir au Luxembourg ; le *Semeur* dont on retrouve ici une réduction aussi intéressante que l'original.

Lors même que le jugement de la foule fut moins unanime, je continuai de constater un progrès dans l'indépendance des moyens et dans la sincérité.

Là est le grand charme des tableaux et des études aujourd'hui réunis et qui permettent de juger, dans son ensemble, l'œuvre déjà considérable d'Aimé Perret.

Il est de ceux qui osent peindre comme ils voient, transformant leur mode d'exécution selon l'objet qu'ils interprètent, comme cela était si sensible au Salon de l'an dernier pour ces personnages dont les grossiers habits de laine étaient rendus en touches robustes et martelées, tandis que le décor, plein d'une fraîcheur d'idylle, était caressé d'un pinceau plein de mystérieuses voluptés. Ces audaces sont pour étonner un public corrompu par l'éducation d'École et que ces recherches de vérité inquiètent. Ce sont elles pourtant qui donnent un prix aux toiles des maîtres et qui les font reconnaître entre toutes.

Voilà qui est pour la forme. Parlons maintenant du fond. Même souci du réel, du vrai, mais ennobli par un sentiment dont je parlerai tout à l'heure. Perret s'est fait surtout le peintre des paysans et il n'embellit pas facticement ses modèles. Il garde à leurs traits l'empreinte rude et sournoise qu'y mirent des siècles de servitude, et volontiers nous montre-t-il ceux que Labruyère représente courbés comme des bêtes sur le sillon. Ses robustes gas et les fillettes qu'ils courtisent soit dans les blés, soit au bord des fontaines, dans de sauvages églogues rappelant plutôt Théocrite que Virgile, n'ont rien des bergers de Vatteau. Tout en eux respire la bestialité douce que la vie des champs met aux âmes endormies des simples.

Et cependant une grande impression poétique s'en dégage, impression que je ne retrouve analogue que dans Millet. Elle est due, je crois, à la grande simplicité de la composition — car le vrai lyrisme s'accommode mal des artifices de comédie — mais elle est due aussi à la façon vraiment supérieure dont l'artiste traite le paysage.

Je vais insister sur ces deux points.

Sans le chercher, j'imagine, Aimé Perret a décrit des scènes qui confinent au drame. Dans *le Viatique* que j'ai cité déjà, qui ne devine, derrière l'ombre nocturne, le malade impatient et suant l'agonie ? Voici, dans les toiles actuellement exposées, un rien : En pleine lumière, sous une porte, apparaît un cercueil qu'un drap blanc recouvre ; une jeune fille dort là le dernier sommeil et un vieux paysan, sa faux sur l'épaule, se découvre en passant. Cela s'appelle, je crois, au catalogue : *le Dernier Salut.* Je sais peu de choses aussi vraiment empoignantes. On entend chanter l'alouette dans la nature indifférente à nos deuils, sous ce ciel en fête que n'attendrit même pas la fleur fauchée de la jeunesse ! C'est concis, c'est simple. Comme Joséphin Soulary ferait, avec cela, un beau sonnet !

J'ai dit que je parlerais spécialement du paysagiste. Toutes les fois que le paysage a été abordé par des peintres de figure, il y a infiniment gagné. Dans son plafond de la bibliothèque du Luxembourg et dans *la Lutte de Jacob avec l'Ange,* à Saint-Sulpice, Delacroix apparaît certainement comme un des plus formidables paysagistes de ce temps. On reconnaît bien vite, dans Aimé Perret, l'homme qui a abordé sérieusement la figure, lors même qu'il se contente de retracer un site où les personnages tiennent peu de place. Car il me semble que c'est un principe à peu près absolu chez lui d'animer toujours ses paysages par quelque figure. Ainsi faisait Claude Lorrain. Il y a dans ce procédé une grande impression venant de l'infimité de l'homme dans la grandeur des choses. C'est presque une impression philosophique.

Perret a tenté, je crois, tous les aspects de la nature avec une audace qui rappelle quelquefois celle de Chintreuil. Voyez *la Rentrée au village* où nous est montrée une vieille hâtant le pas comme poursuivie par le souffle du crépuscule qui noie les horizons dans une vapeur rousse. Comme cela est bien vu et bien empreint de vérité ! Voyez encore cet effet de neige rose où les terrains semblent noyés d'un sang pâle comme si le soleil d'hiver se fût blessé aux marches obscures de l'horizon. J'en dirai autant de l'incendie par la neige, étude qui a servi à un des meilleurs tableaux de l'artiste. Je rappellerai, dans le même ordre d'idées, le champ d'avoine du dernier Salon qui ondulait si bien et où la lumière semblait courir comme une poussière bleue, comme une poussière d'argent. On ne saurait trop louer la netteté de vision que l'artiste affirme quand il traite ainsi des sujets inabordables à la convention.

Et quel beau et frais sentiment de la lumière !

Ce garde qui promène un ridicule uniforme sous la canicule ; cette baraque de foire que la gaieté du dimanche rouvrira ; cette pêcheuse à la ligne dont le bateau semble, de loin, suspendu entre le double azur du ciel et de l'eau transparente ; ce tambour de village qui continue intrépidement son vacarme sous les menaces de la pluie ; comme tout cela est baigné d'une clarté vivante ! L'artiste avait certainement écrasé sur sa palette un peu de l'or rayonnant qui ruisselle des midis d'été. On parle beaucoup de plein air aujourd'hui. En voilà certes et du meilleur !

J'aurais grand'peine à indiquer les tableaux que je préfère dans cette intéressante collection. Je veux cependant signaler *le Faucheur*, dont le personnage est superbe et dessiné sur un effet d'aube absolument original et saisissant ; le *Moissonneur* aussi, qui est d'une si cruelle vérité d'attitude ; l'*Aveu dans les blés*, où la manière idyllique du peintre est bien caractérisée, comme dans la toile ayant pour titre : *A la source*. Et cette Bressanne, en violet clair, assise sous les pommiers en fleurs, une vraie merveille ! Je m'arrêterai encore devant une excellente aquarelle : le *Bourguignon du XVIII⁰ siècle*, sous son large bicorne ; devant la *Gardeuse de dindons*, pastel plein de vigueur ; devant deux natures mortes vraiment magistrales et qui montrent la souplesse de talent d'Aimé Perret.

Et maintenant on dit que les amateurs sont repus, que le temps est mauvais pour les peintres, que l'immense production contemporaine a traîné derrière soi la satiété. Je ne puis croire cependant que personne, aimant la peinture, puisse demeurer indifférent à cette manifestation d'un talent à la fois robuste et viril, vraiment personnel et d'une si noble probité. Il ne s'agit pas ici de tableaux destinés dès le début à la vente. Aimé Perret ne s'est pas mêlé au mouvement fiévreux des chercheurs d'argent et de succès. Il a fui Paris, depuis de longues années, pour vivre à Bois-le-Roy, à deux pas de cette forêt de Fontainebleau qui fut la véritable école de Rome du paysage contemporain, quand Rousseau, Diaz et Corot en étaient les maîtres. Là il a travaillé sans souci du goût de la foule, comme autrefois Millet à Barbizon, sans se préoccuper d'où soufflait le vent qui apporte la renommée facile et les écus. De là une œuvre d'une sincérité absolue qu'on ne saurait confondre avec le bagage des faiseurs. La mode n'a pas mis son empreinte de fragilité à ce noble ensemble de travaux inspirés par un beau tempérament personnel mis aux prises avec un violent amour de la Nature. Il y a vraiment de l'âme humaine dans tout cela, et non simplement du métier. Les délicats le sentiront bien. Les habiles se diront qu'une telle peinture vivra longtemps, vivra toujours et sera certainement très recherchée dans l'avenir.

Pour moi, j'ai été heureux de rendre publiquement, dans ces quelques lignes, hommage à un talent que j'estime entre tous les talents contemporains, pour ses hautes qualités de franchise, de vigueur et de sincérité. J'ai trouvé une fierté pleine de douceur à dire bien haut ce que je pense de ce vrai

peintre indifférent à la réclame, de cet artiste soucieux de son
art seul et qui devra, à cette préoccupation unique, de surnager
au naufrage de tant de renommées hâtives, de garder un nom
dans l'histoire de l'art de ce siècle, quand tant d'autres seront
oubliés !

Armand Silvestre.

10 février 1886.

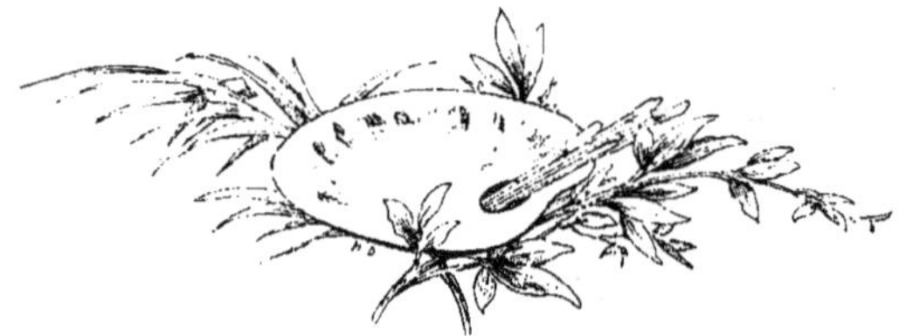

DÉSIGNATION

TABLEAUX

1 — *La Dénicheuse en Bourgogne.*

> Haut., 46 cent.; larg., 56 cent.

2 — *Le Faucheur.*

> Haut., 60 cent.; larg., 73 cent.

3 — *Bourguignonne à la pêche.*

> Haut., 32 cent.; larg., 41 cent.

4 — *Tambour du village.*

> Haut., 56 cent.; larg., 46 cent.

5 — *La Rentrée au village.*

> Haut., 73 cent.; larg , 92 cent.

6 — *Dernier Salut.*

> Haut., 35 cent.; larg., 26 cent.

7 — *A la Source ; saison des foins.*

> Haut., 32 cent.; larg., 41 cent.

8 — *Idylle champêtre.*

> Haut., 32 cent.; larg., 41 cent.

9 — *L'Aveu dans les blés.*

> Haut., 32 cent.; larg., 41 cent.

10 — *Le Semeur.* (Réduction du tableau du Salon de 1881 acheté par l'État.)

> Haut., 73 cent.; larg., 92 cent.

11 — *Moissonneurs.*

> Haut., 46 cent.; larg., 54 cent.

12 — *Le Garde champêtre.*

Haut., 32 cent.; larg., 40 cent.

13 — *Les Écoliers par la neige.*

Haut., 46 cent.; larg., 56 cent.

14 — *Chevaux de halage.*

Haut., 95 cent.; larg., 1 m. 25 cent.

15 — *Gardeuse de dindons.*

Haut., 46 cent.; larg., 56 cent.

16 — *L'Incendie ; neige.*

Haut., 38 cent.; larg., 60 cent.

17 — *Paysanne coupant l'herbe.*

Haut., 38 cent.; larg., 46 cent.

18 — *Veille de fête.*

Haut., 32 cent.; larg., 40 cent.

19 — *Novembre.*

Haut., 46 cent.; larg., 56 cent.

20 — *L'Hiver.*

Haut., 32 cent.; larg., 41 cent.

21 — *Sous bois (Isère).*

Haut., 46 cent.; larg., 72 cent.

22 — *La Mer calme (Quiberon).*

Haut., 40 cent.; larg., 65 cent.

23 — *Le Rhône en Savoie.*

Haut., 62 cent.; larg., 1 mètre.

24 — *La Tempête à Quiberon.*

Haut., 62 cent.; larg., 1 mètre.

25 — *Vallée du Bugey (Ain).*

Haut., 60 cent.; larg., 83 cent.

26 — *Port-Maria, à Quiberon.*

> Haut., 32 cent.; larg., 41 cent.

27 — *La Seine à Paris.*

> Haut., 41 cent.; larg., 64 cent.

28 — *La Mare.*

> Haut., 32 cent.; larg., 40 cent.

29 — *L'Été en forêt.*

> Haut., 38 cent.; larg., 46 cent.

30 — *Hameau de Cermaise.*

> Haut., 56 cent.; larg.; 46 cent.

31 — *La Neige par le crépuscule.*

> Haut., 30 cent.; larg., 54 cent.

32 — *Chrysanthèmes.*

> Haut., 46 cent.; larg., 56 cent.

33 — *Le Melon.*

> Haut., 46 cent.; larg., 56 cent.

34 — *L'Été.*

> Haut., 32 cent.; larg., 41 cent.

AQUARELLES

35 — *Bourguignonne au rouet.*

> Haut., 52 cent.; larg., 45 cent.

36 — *Bourguignon du XVIIIe siècle.*

> Haut., 34 cent., larg., 25 cent

37 — *Le Ruisseau.*

> Haut., 30 cent., larg., 45 cent.

38 — *Meule de paille.*

> Haut., 30 cent.; larg., 45 cent.

39 — *Les Grands Peupliers.*

> Haut., 30 cent.; larg., 45 cent.

40 — *Gardeuse de dindons.* (Pastel.) ·

> Haut., 42 cent.; larg., 38 cent.

41 — *Terre labourée.* (Dessin rehaussé.)

> Haut., 45 cent.; larg., 54 cent.

www.ingramcontent.com/pod-product-compliance
Lightning Source LLC
LaVergne TN
LVHW011009180726
843502LV00007B/2430